AF370031

19 Juin 1909

marqué P

OBJETS DE VITRINE

BRONZES D'AMEUBLEMENT, MEUBLES

TAPISSERIES ANCIENNES

Appartenant à M. E...

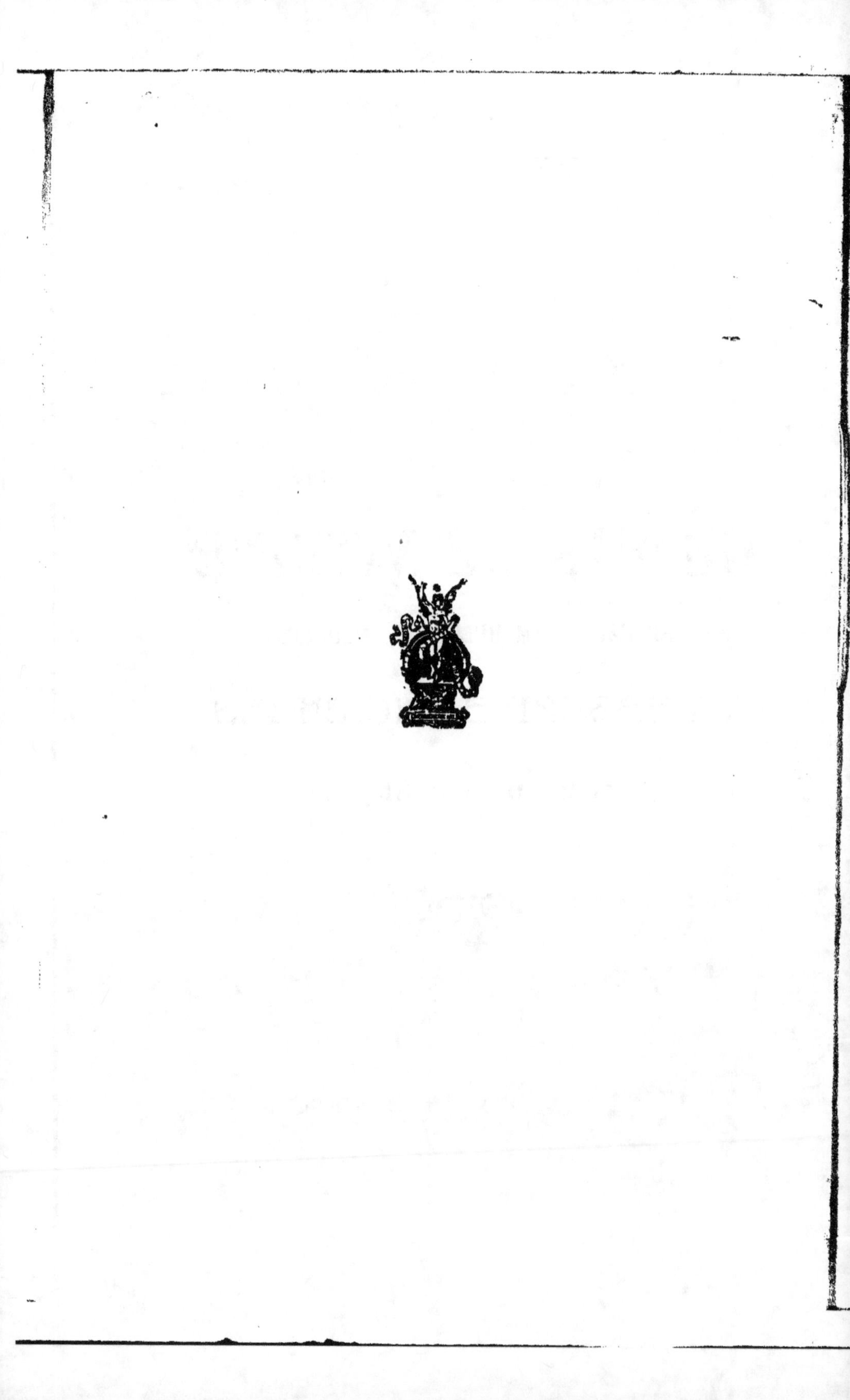

CATALOGUE

DES

OBJETS de VITRINE

BOITES, BONBONNIÈRES, TABATIÈRES, MONTRES

en or émaillé et autres

Bronzes d'Ameublement

Importants surtouts de Table Premier Empire

PENDULE LOUIS XVI

BRONZES D'ART — OBJETS VARIÉS — ÉTOFFES

Sièges et Meubles

TAPISSERIES ANCIENNES

Suite de trois Tapisseries d'après Van der Meulen
Suite de quatre Tapisseries d'après Teniers

TAPISSERIE DE PARIS DU XVIIᵉ SIÈCLE

Etc., Etc.

Appartenant à M. E...

Et dont la Vente aux enchères publiques aura lieu

HOTEL DROUOT, SALLE Nᵒ 6

Le Samedi 19 Juin 1909, à 2 h. 1/2

PAR LE MINISTÈRE DE

Mᵉ F. LAIR-DUBREUIL, COMMISSAIRE-PRISEUR, 6, rue Favart

ASSISTÉ DE

MM. PAULME & B. LASQUIN FILS

10, rue Chauchat. — EXPERTS A PARIS. — 12, rue Laffitte

EXPOSITION PUBLIQUE

Le Vendredi 18 Juin 1909, de 2 heures à 6 heures

CONDITIONS DE LA VENTE

Elle aura lieu *au comptant*.

Les adjudicataires paieront *dix pour cent* en sus des enchères.

L'exposition mettant le public à même de se rendre compte de l'état et de la nature des objets, aucune réclamation ne sera admise une fois l'adjudication prononcée.

Paris — Imp. de l'Art, Ch. Berger, 41, rue de la Victoire.

DÉSIGNATION

OBJETS DE VITRINE

MONTRES, BOITES EN OR

1 — Petite montre de dame en or guilloché et émaillé en couleurs au revers : sujet maritime. Elle est suspendue à une petite châtelaine en or, partiellement émaillée.

2 — Chatelaine en or ciselé, à figures allégoriques dans des médaillons encadrés de rinceaux et rocailles.

3 — Montre ronde Louis XVI en or guilloché et émaillé, ornée sur ses deux faces d'un rang de demi-perles.

Diam.: 40 millim.

4 — Montre Louis XVI en or ciselé et guilloché, dans un boîtier décoré au vernis.

5 — PETITE MONTRE en or ciselé et guilloché, partiellement émaillée, ornée au revers d'un sujet galant dans le goût de Watteau.

6 — BOITE RONDE en or, montée à cage et ornée sur chacune des faces ainsi qu'au pourtour de deux grandes et quatre petites gouaches, à sujets de fêtes champêtres et nautiques, dans la manière de Van Blarenberghe.

Diam : 60 millim.

7 — ÉTUI-SOUVENIR, à tablettes d'ivoire, en émail blanc et or ciselé. Sur l'une des faces, médaillon ovale : portrait de jeune femme émaillé en couleur ; sur l'autre face, monogramme : A. M.

Haut., 10 cent.; larg., 6 cent.

8 — BOITE, de forme contournée, avec face et extrémités cintrées, en or guilloché et émail. Le dessus du couvercle offre un sujet carré en couleurs : *Composition à trois personnages*, entre deux petits médaillons ovales : Attributs.

Long., 87 millim.; larg., 54 millim.

9 — BOITE RECTANGULAIRE, à angles coupés, en or guilloché et émail bleu. Sur le dessus, en couleur : *Jupiter sur son char traîné par deux aigles*.

Long., 80 millim.; larg., 47 millim.

10 — BOITE RECTANGULAIRE, à angles coupés, en or guilloché et émaillé bleu, avec bordures d'entrelacs en émaux de couleur. Sur le dessus : Sujet mythologique.

Long., 86 millim.; larg., 46 millim.

11 — **Boite rectangulaire** longue, à petits pans coupés, en or guilloché et émail bleu, avec filets émaillés en couleur. Sur le dessus : Vue d'un port avec navires et Renommée sur des nuages.

Long., 82 millim.; larg., 38 millim.

12 — **Boite rectangulaire**, à angles coupés, en or guilloché et émail bleu ; bordures à festons de fleurs et petits émaux de couleur. Sur le dessus : Composition allégorique en couleurs.

Long., 93 millim.; larg., 56 millim.

13 — **Grande boite** ovale en or et incrustations de pierres dures diverses. Sur le dessus, médaillon ovale émaillé en grisaille : Buste d'homme barbu, d'après l'antique. Travail de **Neuber**, de Dresde.

Long., 92 millim.; larg., 70 millim.

14 — **Boite rectangulaire**, à coins arrondis, en or guilloché et émaillé. Sur le dessus : Paysage avec rivière et pêcheurs au premier plan. Bordure à palmettes et fleurettes en couleur.

Long., 88 millim.; larg., 57 millim.

15 — **Petite boite rectangulaire** longue, à petits pans coupés, en or guilloché et émail bleu. Sur le dessus du couvercle, l'inscription : *Pensez à moi.*

Long., 93 millim.; larg., 30 millim.

BRONZES D'AMEUBLEMENT

16 — PENDULE en bronze ciselé et doré, sur socle
en bois noir orné de motifs en bas-relief; elle est
ornée de deux figures de guerriers orientaux
de chaque côté du mouvement, dont le cadran
porte la marque : *Cronier, à Paris.* Époque
Louis XVI.

17 — PAIRE DE CANDÉLABRES, à six lumières, en
bronze doré : colonnes sur bases carrées. Époque de la Restauration.

18 — COUPE de milieu de surtout de table, portée
par un groupe de trois statuettes en bronze
doré, avec couronne de lumières pouvant faire
un lampadaire. Époque Empire.

19 — HUIT PIEDS-SUPPORTS de coupes en bronze
doré. Époque Empire.

20 — DEUX COUPES à étagères de surtout de table
en bronze doré, à figurines de danseuses. Époque de la Restauration.

21 — DEUX GRANDS PLATEAUX de surtout, de forme
circulaire, à galerie ornée d'une frise à rinceaux
et figures. Époque Empire.

22 — SIX SUPPORTS de coupes en bronze doré. Époque Empire.

23 — QUATRE AUTRES analogues, de même époque.

24 — GRAND SURTOUT DE TABLE en cinq parties : trois rectangulaires et deux cintrées, à galerie ornée d'une frise de rinceaux et figures. Époque Empire.

25 — DEUX CORBEILLES, supportées chacune par trois pieds-gaines, à bustes de femmes en bronze doré. Époque Empire.

OBJETS VARIÉS

26 — BOITE DE TRIC-TRAC en bois marqueté, muni de dames avec sujets en bas-relief. XVIIIe siècle.

27 — JARDINIÈRE en bois incrusté de filets, de forme carrée, à pans coupés, sur quatre pieds-gaines, agrémentée de poignées, avec intérieur en cuivre. XVIIIe siècle.

28 — BIDET, avec pieds démontables, en acajou et incrustations de cuivre. Époque Empire.

29 — DEUX BUSTES, grandeur nature, en bronze patiné : Allégories.

SIÈGES

30 — CinQ chaises en bois sculpté peint, à dossiers cannés et sièges garnis. Époque Louis XVI.

31 — Dix chaises en bois peint, à dossiers cintrés et ajourés.

MEUBLES

ANCIENS ET MODERNES

32 — Horloge en bois peint en noir, avec dorure, cadrans et sujet mouvant. Travail allemand.

33 — Coiffeuse ou petite commode basse, ouvrant à tiroirs et surmontée d'une glace mobile sur pivots, en acajou, ornée de bronzes. Époque Empire.

34 — Clavecin en bois marqueté, sur son pied-support.

35 — Petite commode, à tiroirs et tablette, en bois de placage, de style Louis XV.

36 — Petite table, à deux tiroirs, en bois de placage et dessus de marbre.

37 — Petite table ovale en bois de placage, de style Louis XV.

38 — Petite table rectangulaire, à colonnettes, en bois jaune, ornée de bas-reliefs et petits panneaux en marqueterie. Époque Restauration.

ÉTOFFES ANCIENNES

ET MODERNES

39 — Lot de garnitures de sièges, fond jaune ; environ douze pièces.

40 — Corset noir brodé et un fichu.

41 — Coupon en soie brochée verte, à bouquets de fleurs.

42 — Coupon en soie brochée, fond clair et bouquets de fleurs.

43 — Deux bandes en velours, à fond rouge.

44 — Coupon de soie brochée, à petits bouquets de fleurs et rayures. xviiie siècle.

45 — Coupon de soie rose brochée, à bouquets de fleurs et rayures. xviiie siècle.

46 — Coupon de soie mauve à palmettes jaunes. Époque Empire.

47 — Petit coupon, à fond jaune.

48 — Panneau en toile, à fond jaune.

49 — Tapis en soie brochée et encadré d'un galon d'or.

50 — Dessus de lit en soie bleu-ciel.

51 — Chasuble en soie mauve brochée, galonnée d'or. XVIIIe siècle.

52 — Chape en soie crème brochée à bouquets de fleurs.

TAPISSERIES ANCIENNES

53 à 56 — Suite de quatre tapisseries anciennes du commencement du xviiie siècle : compositions à personnages dans des paysages, dans la manière de *D. Teniers*. Bordures simulant des cadres.

15.000

Rousseau

1° *Paysans attablés.*

> Haut., 3 mètres; larg., 3 m. 45 cent.

2° *Paysans, retour de la pêche.*

> Haut., 2 m. 95 cent.; larg., 3 m. 20 cent.

3° *Le Joueur de vielle.*

> Haut., 3 m. 15 cent.; larg., 4 mètres.

4° *Le Marchand ambulant.*

> Haut., 3 m. 10 cent.; larg., 2 m. 60 cent.

57 à 59 — Suite de trois tapisseries de Bruxelles, d'après les cartons de Van der Meulen, d'époque Régence, représentant :

13100

Bernheimer

1° *La Chasse au lièvre.* Dans un décor de paysage boisé, au fond d'un vallon traversé par un torrent, des cavaliers et une amazone excitent la meute des chiens à la poursuite d'un lièvre.

> Haut., 3 m. 35 cent.; larg., 4 m. 35 cent.

2° *La Chasse au renard.* Deux cavaliers, traversant une rivière à gué et précédés de leurs chiens, s'élancent sur les traces d'un renard.

> Haut., 3 m. 25 cent.; larg., 2 m. 35 cent.

3° *Le Départ pour la chasse*. Dans une clairière, deux groupes de cavaliers se réunissent et s'apprètent à partir pour la chasse.

Haut., 3 m. 25 cent ; larg., 2 m. 45 cent.

Bordures simulant un encadrement.

60 — TAPISSERIE DU XVIIe SIÈCLE, représentant une scène de l'Histoire d'Artémise : La reine entourée de guerriers portant des dépouilles et des étendards ; fond de monuments. Bordure à mascarons, enroulements et feuilles d'acanthe, avec cartouches à figures mythologiques. Marque de Paris et marque d'atelier dans les lisières.

Haut., 4 m. 5 cent. ; larg., 3 m. 55 cent.

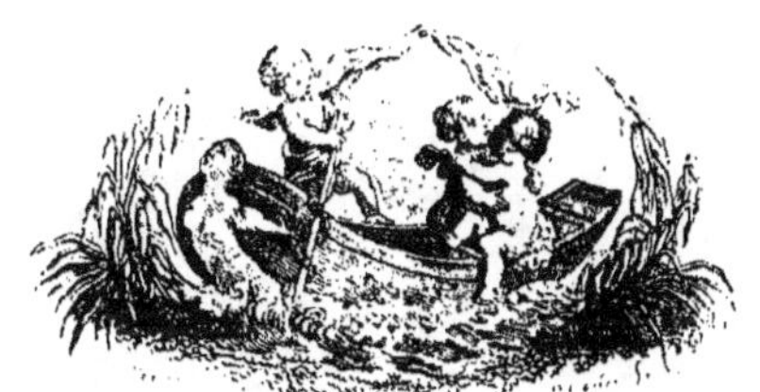